Dr. Oetker
Spar-Rezepte unter 10 Mark

Spar-Rezepte unter 10 Mark

MOEWIG

Die Rezepte sind – wenn nicht anders angegeben – für 4 Personen berechnet.

Die Rezepte in diesem Buch sind mit aller Sorgfalt zusammengestellt und überprüft worden; dennoch kann eine Garantie nicht übernommen werden. Eine Haftung des Verlags und seiner Beauftragten für Personen-, Sach- und Vermögensschäden ist ausgeschlossen.

VPM Verlagsunion Pabel Moewig KG, Rastatt
© Ceres Verlag Rudolf August Oetker KG, Bielefeld

ISBN 3-8118-4765-1

Inhalt

Suppen/Eintöpfe

Lebernockensuppe

1 mittelgroße Zwiebel

1 Möhre

1 Stück Knollensellerie

1 Stück Porree (Lauch)

1 EL Butter oder Margarine

375 ml (3/8 l) heiße Geflügel-
oder Fleischbrühe

Salz

Pfeffer

geriebene Muskatnuß

Für die Leberknödel:

100 g Rinderleber

40 g Butter

1 Ei

1/2 TL abgeriebene Zitronenschale (unbehandelt)

1 kleine Zwiebel

gerebelter Majoran

40–50 g Semmelbrösel

2 EL feingeschnittener
Schnittlauch

1. Zwiebel abziehen, fein würfeln. Möhre und Sellerie putzen, waschen, in feine Streifen schneiden. Porree putzen, waschen, in feine Ringe schneiden.

2. Butter zerlassen, das Gemüse 5 Minuten andünsten.

3. Brühe hinzugießen, mit Salz, Pfeffer, Muskat würzen, etwa 5–10 Minuten garen lassen.

4. Für die Lebernocken Leber unter fließendem kaltem Wasser abspülen, trockentupfen, durch die feine Scheibe des Fleischwolfes drehen oder sehr fein hacken.

5. Butter, Ei und Zitronenschale hinzufügen. Zwiebel abziehen, sehr fein würfeln, unterrühren. Die Zutaten mit dem Schneebesen zu einer glatten Masse verarbeiten, mit Salz, Pfeffer, Muskat und Majoran würzen.

6. Die Lebermasse mit Semmelbröseln verrühren, mit 1 Teelöffel Lebernocken abstechen, in die kochende Suppe geben, 5–10 Minuten mitgaren.

7. Die Suppe mit Schnittlauchröllchen bestreut servieren.

Tip: Erst einen Kloß garen; sollte er auseinanderfallen, noch Semmelbrösel zugeben.

Allgäuer Käsesuppe

200 g Weißbrot
400 g geriebener Allgäuer Emmentaler
750 ml (3/4 l) heiße Fleischbrühe
250 ml (1/4 l) Weißwein
Salz
1 Prise Zucker
feingehackte Kräuter (z. B. Petersilie, Dill, Kerbel)

1. Vom Brot die Rinde entfernen, Brot in Würfel schneiden. Brotwürfel in einen Topf geben, die heiße Brühe hinzugießen und kurz aufkochen lassen. Die Suppe mit einem elektrischen Handrührgerät pürieren.

2. Den Käse langsam nach und nach zu der Brühe geben. Den Weißwein hinzugießen, erhitzen, mit Salz und Zucker abschmecken. Die Suppe mit feingehackten Kräutern bestreuen.

> **Tip:** Weißbrotwürfel in zerlasssener Butter anrösten, in die Suppe geben.

Großmutters Eintopf

1 kg weiße Bohnen
750 ml (3/4 l) Wasser
375 g Schweinebauch
1 kg Möhren, 500 g Kartoffeln
250 g Äpfel, 40 g Butter
2 Zwiebeln, Salz
375 ml (3/8 l) Wasser
2 EL gehackte Petersilie

1. Bohnen waschen, in Wasser 12–24 Stunden einweichen, im Einweichwasser etwa 1 Stunde gar kochen lassen.

2. Schweinebauch waschen, trockentupfen, in Würfel schneiden. Möhren putzen und schälen. Kartoffeln schälen. Beide Zutaten waschen, in kleine Würfel schneiden. Äpfel schälen, vierteln, entkernen, in Scheiben schneiden. Butter erhitzen, das Fleisch unter Wenden schwach darin bräunen.

3. Zwiebeln abziehen, würfeln. Kurz bevor das Fleisch genügend gebräunt ist, die Zwiebeln hinzufügen, kurz miterhitzen. Das Fleisch mit Salz würzen.

4. Möhren, Kartoffeln, Äpfel und Wasser hinzugeben, in 45–60 Minuten gar schmoren lassen. Die Bohnen ohne Flüssigkeit unter den Eintopf geben. Mit der gehackten Petersilie bestreuen.

Sächsische Bohnensuppe

100 g Kartoffeln

400 g grüne Bohnen

300 ml Rinderbrühe

40 g magerer, geräucherter Speck

40 g abgezogene Zwiebeln

Bohnenkraut

Pfeffer

Salz

60 g Crème fraîche

60 g Rinder-Saftschinken

40 g Champignons

2 EL gehackte Petersilie

1. Kartoffeln schälen, waschen, in Stücke schneiden. Bohnen putzen, Enden abschneiden, waschen, in Stücke schneiden. Kartoffeln und Bohnen in Rinderbrühe 20–25 Minuten garen.

2. Nach 8–10 Minuten die Hälfte der Bohnen herausnehmen, beiseite stellen. Speck und Zwiebeln würfeln, anrösten und in die Suppe geben.

3. Suppe pürieren, mit den Gewürzen abschmecken, Crème fraîche zugeben.

4. Schinken in Streifen schneiden und kurz andünsten. Champignons putzen, mit Küchenpapier abreiben, blättrig schneiden, hinzugeben und mitgaren. Schinken, Champignons und die restlichen Bohnen in die Suppe geben. Mit Petersilie bestreuen.

Linseneintopf mit Speck

1 Zwiebel

125 g durchwachsener Speck

2–3 EL Speiseöl

1 EL Currypulver

500 g Kartoffeln

500 ml (1/2 l) Fleischbrühe

500 g Linsen (aus der Dose)

4 Wiener Würstchen

1 Apfel

1. Zwiebel abziehen und mit Speck in feine Würfel schneiden. Öl erhitzen, beides darin glasig dünsten, Curry darüberstäuben und durchdünsten.

2. Kartoffeln schälen, waschen, in Würfel schneiden, mit Brühe hinzufügen, zum Kochen bringen und etwa 15 Minuten kochen lassen.

3. Linsen und Wiener Würstchen hinzufügen und zum Kochen bringen.

4. Apfel schälen, vierteln, entkernen, in kleine Stücke schneiden, in den Eintopf geben

Schlesische Kartoffelsuppe

1 Zwiebel

75 g durchwachsener Speck

2–3 EL Speiseöl

1/2 Knollensellerie

1 Stange Porree (Lauch)

500 g Kartoffeln

1 l Gemüsebrühe

2 Paar Knoblauchwürste

2–3 Gewürzgurken

Salz

Pfeffer

1. Zwiebel abziehen und würfeln. Speck in Würfel schneiden. Öl erhitzen, Zwiebel und Speck darin andünsten.

2. Sellerie schälen, waschen und in Würfel schneiden. Porree gründlich waschen und in Scheiben schneiden (evtl. nochmals waschen). Kartoffeln schälen, waschen und in Würfel schneiden.

3. Gemüse zu der Speck-Zwiebel-Masse geben und mitdünsten lassen. Gemüsebrühe hinzugießen, zum Kochen bringen und in etwa 35 Minuten gar kochen lassen.

4. Knoblauchwürste und Gewürzgurken in Scheiben schneiden. Kurz vor Beendigung der Garzeit in die Suppe geben und miterhitzen. Mit Salz und Pfeffer abschmecken.

Flädlesuppe (Foto)

250 g zerkleinerte Rinderknochen

250 g Rindfleisch (Beinscheibe)

1,5 l kaltes Wasser

1 Bund Suppengrün

Fleischextrakt oder Suppenwürze

Für die Flädle:

125 g Weizenmehl

Salz

2 Eier

250 ml (1/4 l) kalte Milch

feingeschnittener Schnittlauch

1. Rinderknochen und Rindfleisch unter fließendem kaltem Wasser abspülen, in das Wasser geben, zum Kochen bringen, abschäumen.

2. Suppengrün putzen, waschen, kleinschneiden, hinzufügen, das Fleisch etwa 2 Stunden gar ziehen lassen, die Brühe durch ein Sieb gießen, abschmecken.

3. Für die Flädle Mehl in eine Schüssel sieben, in die Mitte eine Vertiefung eindrücken, Salz und Eier hineingeben, von der Mitte aus Eier und Mehl verrühren, nach und nach die Milch hinzufügen, darauf achten, daß keine Klümpchen entstehen.

4. Aus dem Teig möglichst dünne Eierkuchen backen, übereinanderlegen, aufrollen, in sehr schmale Streifen schneiden, erst kurz vor dem Servieren in die heiße Fleischbrühe geben, kurz erhitzen.

5. Die Suppe mit Schnittlauch bestreuen.

Rote-Bohnenkerne-Suppe

375 g rote Bohnenkerne

1 3/4 l kaltes Wasser

500 g geräucherte Dicke Rippe

6–7 TL Instant-Fleischbrühe

2 Stangen Porree (Lauch)

2 Möhren

500 g Kartoffeln

2 kleine Mettwürste (Rauchenden)

1/2–1 Becher (75–150 g) Crème fraîche

Salz

Pfeffer

1/2 EL Majoranblättchen

1. Bohnenkerne in dem Wasser 12–24 Stunden einweichen.

2. Dicke Rippe kalt abspülen, mit den Bohnen im Einweichwasser mit Instantbrühe zum Kochen bringen und etwa 50 Minuten kochen lassen.

3. Porree putzen, längs halbieren, gründlich waschen, in Ringe oder Würfel schneiden. Möhren putzen, schälen, waschen und in Stifte schneiden. Kartoffeln schälen, waschen und in Würfel schneiden. Die 3 Zutaten mit den Mettwürsten in die Suppe geben, zum Kochen bringen und noch 25 Minuten kochen lassen.

4. Fleisch und Würste aus der Suppe nehmen, kleinschneiden, mit Crème fraîche wieder in die Suppe geben, erhitzen, abschmecken. Majoranblättchen über die Suppe geben.

Reis-Möhren-Suppe mit Limonen (Foto)

1 kleine Zwiebel

2 EL Butter

100 g Langkornreis

1 l Gemüsebrühe

1 TL Salz

geriebene Muskatnuß

150 g Möhren

2 Limonen

3 EL Crème fraîche

1 Limone (unbehandelt)

1. Zwiebel abziehen und fein würfeln. Butter erhitzen, Zwiebelwürfel darin glasig dünsten lassen. Den Reis einstreuen und verrühren.

2. Kurz andünsten, mit Gemüsebrühe aufgießen, aufkochen lassen, in etwa 20 Minuten gar kochen, mit Salz und Muskat würzen.

3. Möhren putzen, schälen, waschen, würfeln, in die Suppe streuen und 5 Minuten mitkochen.

4. Limonen auspressen, den Saft in die Suppe gießen, Crème fraîche einrühren und erhitzen.

5. Limone abspülen und in Scheiben schneiden. Die Suppe in 4 Teller füllen und mit den Limonenscheiben garnieren.

Brokkolicremesuppe

1 Pck. (300 g) tiefgekühlter Brokkoli

500 ml (1/2 l) kochende Geflügelbrühe

1 Becher (150 g) Crème fraîche

2 EL gemischte, gehackte Kräuter, z. B. Kerbel, Petersilie, Schnittlauch

Salz

frisch gemahlener Pfeffer

geriebene Muskatnuß

Worcestersauce

abgezogene, gehobelte, geröstete Mandeln

1. Brokkoli in Geflügelbrühe geben, zum Kochen bringen, etwa 15 Minuten gar kochen lassen und den Brokkoli in der Flüssigkeit mit dem Schnellmixstab pürieren.

2. Von Crème fraîche vier Eßlöffel abnehmen, beiseite stellen, die restliche Crème fraîche in die Suppe geben, verrühren und erhitzen.

3. Kräuter unterrühren. Die Suppe mit Salz, Pfeffer, Muskatnuß, Worcestersauce abschmecken, in Suppentassen füllen.

4. Auf jede Portion 1 Teelöffel der zurückgelassenen Crème fraîche geben und mit Mandeln bestreuen.

Französische Zwiebelsuppe

500 g Zwiebeln
50 g Butter
750 ml (3/4 l) Fleischbrühe
Salz, Pfeffer
125 ml (1/8 l) Weißwein
2 Scheiben Weißbrot, in Würfel geschnitten
30 g Butter
50 g geriebener Parmesan

1. Zwiebeln abziehen, in Scheiben schneiden, Butter zerlassen und die Zwiebelscheiben darin andünsten.

2. Fleischbrühe hinzugießen und die Zwiebeln etwa 20 Minuten garen. Die Suppe mit Salz und Pfeffer abschmecken, Wein hinzufügen und aufkochen.

3. Die Suppe in feuerfeste Tassen füllen, in Butter gebräunte Weißbrotwürfel darauf geben, mit Parmesan bestreut unter dem vorgeheizten Grill überbacken.

Porree-Eintopf

1 kg Porree (Lauch)

2 Möhren

1 Stück Knollensellerie

1 Zwiebel

750 g mehligkochende Kartoffeln

75 g durchwachsener Speck

1 EL Speiseöl

1 l Fleischbrühe

4 geräucherte Mettwürstchen

Salz

Pfeffer

1–2 EL gehackte Petersilie

1. Porree putzen, das dunkle Grün bis auf etwa 10 cm entfernen, Porree längs halbieren, in etwa 2 cm breite Streifen schneiden, gründlich waschen und abtropfen lassen. Möhren putzen, schälen, waschen, in Scheiben schneiden. Sellerie schälen, waschen, in Würfel schneiden.

2. Zwiebel abziehen und würfeln. Kartoffeln schälen, waschen und würfeln.

3. Speck würfeln und in Öl ausbraten. Möhrenscheiben, Sellerie- und Zwiebelwürfel darin andünsten. Kartoffelwürfel, Fleischbrühe und Mettwürstchen hinzufügen, zum Kochen bringen, etwa 10 Minuten kochen lassen.

4. Porreestreifen hinzufügen, mit Salz und Pfeffer würzen, zum Kochen bringen und 5–7 Minuten kochen lassen.

5. Mettwürstchen aus dem Eintopf nehmen, in Scheiben schneiden, wieder in den Eintopf geben. Den Eintopf mit Salz und Pfeffer abschmecken, mit Petersilie bestreuen.

Knoblauchsuppe

6 Knoblauchzehen

4 EL Speiseöl

1 kleines Lorbeerblatt

frisch gemahlener Pfeffer

1 Bund Petersilie

750 ml (3/4 l) heiße Rindfleischbrühe

Salz

4 Scheiben getoastetes Weißbrot

4 kleine Eier

1. Knoblauch abziehen und durch die Knoblauchpresse drücken.

2. Öl erhitzen, Knoblauch, Lorbeerblatt und Pfeffer hinzufügen und kurz bei mittlerer Hitze andünsten.

3. Petersilie vorsichtig abspülen, trockentupfen, fein hacken und hinzugeben. Brühe hinzugießen, die Suppe zugedeckt etwa 10 Minuten schwach kochen lassen und mit Salz abschmecken.

4. Je 1 Scheibe Weißbrot in eine Suppentasse legen. Eier aufschlagen und je 1 Ei in jede Suppentasse gleiten lassen. Suppe kochendheiß in die Tassen füllen.

Andalusische Tomatencreme (Foto)

2 kleine Zwiebeln

80 g durchwachsener Speck

2 EL Speiseöl

1 EL Weizenmehl

1 kg Tomaten

500 ml (1/2 l) Fleischbrühe

Salz

frisch gemahlener Pfeffer

100 g Champignons
(aus der Dose)

100 g Erbsen (aus der Dose)

2 Eigelb

125 ml (1/8 l) Schlagsahne

4 EL Sherry Dry Fino

feingehackte Petersilie

1. Zwiebeln abziehen, fein würfeln. Speck in feine Würfel schneiden.

2. Öl erhitzen, Zwiebeln und Speck darin andünsten. Mit Mehl bestäuben, kurz erhitzen.

3. Tomaten kurze Zeit in kochendes Wasser legen (nicht kochen lassen), in kaltem Wasser abschrecken, enthäuten, die Stengelansätze herausschneiden, die Tomaten in Würfel schneiden, zu der Zwiebel-Speck-Masse geben, kurz mitdünsten lassen.

4. Brühe hinzugießen, mit Salz und Pfeffer würzen, 10 Minuten kochen lassen.

5. Die Suppe oder Creme durch ein Sieb streichen, wieder erhitzen.

6. Champignons und Erbsen auf einem Sieb abtropfen lassen, in die Suppe geben, kurz miterhitzen.

7. Eigelb und Sahne verschlagen, die Suppe damit abziehen (nicht mehr kochen lassen). Die Suppe mit Sherry abschmecken, mit Petersilie bestreuen.

Spinatcremesuppe

300 g TK-Rahmspinat

250 ml (1/4 l) Hühner-
oder Gemüsebrühe

200 g Frühlingsquark

4 TL Crème fraîche

1. Spinat mit Brühe zum Kochen bringen, dann zugedeckt bei schwacher Hitze auftauen lassen.

2. Die Suppe von der Kochstelle nehmen und den Quark unterrühren.

3. Die Suppe in 4 vorgewärmte Suppentasse füllen und Crème fraîche darauf geben.

Graupeneintopf

1 kg dicke Pökelrippen	**1.** Pökelrippen mit dem Wasser in einen Kochtopf geben. Lorbeerblatt, Nelken und Pfefferkörner dazugeben, zum Kochen bringen, 30–35 Minuten kochen lassen und das Fleisch herausnehmen.
gut 1 l Wasser	
1 Lorbeerblatt	
2 Nelken	
5 Pfefferkörner	**2.** Brühe durch ein Sieb gießen, auffangen und mit Wasser auf 1 Liter auffüllen. Graupen mit dem kalten Wasser aufsetzen, erhitzen, einmal aufkochen lassen und auf ein Sieb geben. Die Perlgraupen in die Brühe geben und etwa 25 Minuten garen.
125 g Perlgraupen	
2 Zwiebeln	
150 g Knollensellerie	
200 g Möhren	
1 große Stange Porree (Lauch)	**3.** Zwiebeln abziehen und fein würfeln. Sellerie und Möhren putzen, schälen, waschen, fein würfeln. Porree putzen, waschen, in Ringe schneiden, zu den Graupen geben und in 15 Minuten garen.
Salz, Pfeffer	
gerebelter Thymian	
2 EL gehackte, glatte Petersilie	**4.** Das Fleisch von den Knochen lösen, in kleine Würfel schneiden, in den Eintopf geben, mit Salz, Pfeffer und Thymian abschmecken und mit Petersilie bestreuen.

Lammeintopf mit Graupen (Foto)

400 g Lammschulter (ohne Knochen)	**1.** Lammfleisch unter fließendem kaltem Wasser abspülen, trockentupfen, in Würfel schneiden. Gemüsefond zum Kochen bringen, Lammfleischwürfel darin etwa 35 Minuten garen.
2 l Gemüsefond oder -brühe	
100 g Kartoffeln	
100 g Knollensellerie	**2.** Gemüse putzen, waschen, schälen. Kartoffeln, Sellerie und Möhren in Würfel schneiden, Porree in Streifen schneiden, Blumenkohl in Röschen teilen.
100 g Möhren	
1 Stange Porree (Lauch)	
100 g Blumenkohl	
Salz, Pfeffer	**3.** Kartoffel-, Sellerie- und Möhrenwürfel und Blumenkohlröschen in die Brühe geben, weitere 15 Minuten kochen lassen.
Thymian	
1 abgezogene Knoblauchzehe	**4.** Porreestreifen hinzufügen, mit Salz, Pfeffer, Thymian und gehacktem Knoblauch würzen, die Graupen hinzufügen, noch einige Minuten leicht kochen lassen.
100 g gegarte Graupen	

Schnippelbohneneintopf

500 g geräucherte
dicke Rippe

1 1/2 l Wasser

600 g (mehlig kochende)
Kartoffeln

750 g grüne Stangenbohnen

3 Zweige Bohnenkraut

Salz

Pfeffer

150 g durchwachsener Speck

3 Zwiebeln

2–3 EL Essig

1. Fleisch unter fließendem kaltem Wasser abspülen, mit dem Wasser zum Kochen bringen und bei schwacher Hitze etwa 1 Stunde kochen lassen. Fleisch herausnehmen, von den Knochen lösen, Fleisch in Würfel schneiden und beiseite stellen, 1 Liter Brühe abmessen.

2. Kartoffeln waschen, schälen, abspülen, in Würfel schneiden und in die Brühe geben. Bohnen waschen, Enden abschneiden und schräg in kleine, längliche Scheiben schneiden oder durch die Schnippelbohnenmaschine drehen.

3. Bohnen in kochendem Salzwasser 3 Minuten blanchieren, auf ein Sieb geben, mit kaltem Wasser abschrecken. Bohnen mit Bohnenkraut zu den Kartoffeln geben, mit Salz und Pfeffer würzen und etwa 20 Minuten kochen lassen.

4. Speck würfeln und auslassen. Zwiebeln abziehen, würfeln und in dem Speckfett andünsten.

5. Die Kartoffeln in dem Eintopf etwas zerstampfen, damit er sämig wird. Die Speck-Zwiebel-Mischung und das Fleisch in den Eintopf geben, mit Salz, Pfeffer und Essig abschmecken.

Birnen, Bohnen und Speck (Foto)

500 g durchwachsener Speck

1/2 TL schwarze Pfefferkörner

750 ml (3/4 l) Wasser

1 kg grüne Bohnen

1 Bund Bohnenkraut

Salz

frisch gemahlener Pfeffer

4 Kochbirnen

1 gestr. EL Speisestärke

frisch gemahlener Pfeffer

1 EL gehackte Petersilie

1. Den Speck mit dem Pfeffer in 750 ml kochendes Wasser geben und bei mittlerer Hitze etwa 30 Minuten köcheln lassen.

2. Bohnen abfädeln, waschen, in etwa 4 cm lange Stücke brechen, zum Speck geben. Bohnenkraut abspülen, dazugeben und mit Salz und Pfeffer würzen.

3. Die Birnen waschen, vierteln, das Kerngehäuse herausschneiden. Birnen zu den Bohnen geben und noch 25–30 Minuten garen, evtl. noch etwas Wasser hinzufügen.

4. Speck in Scheiben schneiden, mit den Birnen und Bohnen in einer vorgewärmten Schüssel anrichten. Die Brühe nochmals abschmecken, in die Schüssel geben und mit Petersilie bestreuen.

Salate/Gemüse

Bayerisch-Kraut-Schnellkochtopf

750 g Weißkohl

250 g Möhren

1 Zwiebel

125 g magerer, durchwachsener Speck

30 g Butterschmalz

1 TL Kümmel

Salz

frisch gemahlener Pfeffer

75 ml Apfelsaft

250 ml (1/4 l) Gemüsebrühe

2 EL Obstessig

1 Bund glatte Petersilie

1. Weißkohl putzen und waschen, in Streifen schneiden. Zwiebel abziehen und würfeln. Speck in feine Würfel schneiden. Möhren putzen, schälen, waschen, in Würfel schneiden.

2. Butterschmalz im Schnellkochtopf erhitzen. Speck darin anbraten. Zwiebeln hinzufügen, goldgelb andünsten.

3. Weißkohl, Möhren, Gewürze, Gemüsebrühe und Apfelsaft dazugeben.

4. Topf schließen, auf Stufe 2 etwa 7 Minuten garen.

5. Langsam abdampfen und Topf öffnen. Obstessig unterrühren, das Kraut abschmecken und mit gehackter Petersilie bestreuen.

Tip: Dazu Kartoffelpüree und gegrilltes Fleisch servieren.

Brokkoli (Foto)

1 kg Brokkoli

500 ml (1/2 l) Wasser

Salz, geriebene Muskatnuß

75 g Butter

2 hartgekochte Eier

1. Vom Brokkoli die Blätter entfernen, die Stengel am Strunk schälen, bis kurz vor den Röschen kreuzförmig einschneiden und waschen.

2. Wasser, Salz, Muskatnuß zum Kochen bringen, den Brokkoli hineingeben, zum Kochen bringen, in 10–15 Minuten gar kochen.

3. Den garen Brokkoli mit einem Schaumlöffel vorsichtig herausnehmen, in eine vorgewärmte Schüssel geben und warm stellen.

4. Butter zerlassen, hartgekochte Eier pellen, kleinhacken, die Zutaten über den Brokkoli verteilen.

Salat „Carmen"

300 g Hähnchenfleisch-
würfel

125 g rote Paprikawürfel

4 EL Speiseöl zum Braten

125 g gekochter Reis

125 g gekochte Erbsen

Für die Marinade:

5 cl Estragonessig

100 ml Walnußöl

1 EL Senf

1 TL gehackter Estragon

Salz

frisch gemahlener Pfeffer

1. Hähnchen- und Paprikawürfel in Öl
andünsten, 8–10 Minuten garen, abkühlen
lassen.

2. Reis und Erbsen untermischen.

3. Die Zutaten für die Marinade miteinander
verrühren, über den Salat geben und
15 Minuten ziehen lassen.

Paprikatopf mit Fleischwurst (Foto)

je 1 rote, gelbe und
grüne Paprikaschote

1 Zwiebel

1 Knoblauchzehe

3 EL Olivenöl

Salz, Pfeffer

gerebelter Oregano

gerebeltes Basilikum

1 Fleischtomate

5 EL Tomatenketchup

1/2 Becher (75 g) Crème
fraîche

300 g Fleischwurst mit
Knoblauch

gehackte Petersilie

1. Paprika halbieren, entstielen, entkernen,
die weißen Scheidewände entfernen, Schoten
waschen und in Streifen schneiden. Zwiebel
und Knoblauch abziehen, würfeln, mit Öl
etwa 3 Minuten andünsten. Paprikastreifen
hinzufügen, mit Salz, Pfeffer, Oregano und
Basilikum würzen, abgedeckt etwa 5 Minuten
garen und zwischendurch umrühren.

2. Fleischtomate enthäuten und den
Stengelansatz herausschneiden. Tomate in
Würfel schneiden, mit Ketchup und Crème
fraîche zu dem Gemüse geben, verrühren und
nochmals mit Salz, Pfeffer und den Kräutern
abschmecken.

3. Fleischwurst enthäuten, längs halbieren, in
Scheiben schneiden, unterrühren, abgedeckt
8–10 Minuten garen, zwischendurch umrühren. Mit Petersilie bestreuen und servieren.

Kartoffelsalat mit Mais

750 g kleine, festkochende Kartoffeln

1 Zwiebel

125 ml (1/8 l) Fleischbrühe

4 EL Essig

2 TL Zucker

frisch gemahlener Pfeffer

Salz

1 Bund Radieschen

150 g Maiskörner

1 EL geriebener Meerrettich

2 EL Mayonnaise

150 g saure Sahne

1–2 EL Zitronensaft

1 Bund Dill

2 Zweige Zitronenmelisse

1. Kartoffeln waschen, in Wasser zum Kochen bringen, in etwa 20 Minuten gar kochen lassen, abgießen, abdämpfen, pellen, etwas abkühlen lassen und in Scheiben schneiden.

2. Zwiebel abziehen, würfeln und mit Brühe, Essig, 1 Teelöffel Zucker und Pfeffer aufkochen. Sud mit Salz abschmecken und über die noch warmen Kartoffelscheiben gießen.

3. Vorsichtig vermengen und so lange ziehen lassen, bis die Marinade von den Kartoffeln vollkommen aufgenommen worden ist. Ab und zu vorsichtig umrühren.

4. Radieschen putzen, waschen und in Scheiben schneiden. Maiskörner abtropfen lassen und mit den Radieschenscheiben zu den Kartoffeln geben.

5. Meerrettich, Mayonnaise, saure Sahne, Zitronensaft und restlichen Zucker vermischen und unter den Salat rühren.

6. Dill und Zitronenmelisse abspülen, trockentupfen, hacken und vor dem Servieren unter den Salat mengen.

Radieschen-Eier-Salat

2 Bund Radieschen

4 hartgekochte Eier

Für die Salatsauce:

1 Becher (150 g) Crème fraîche

1 EL Zitronensaft

Salz

frisch gemahlener Pfeffer

1 Prise Zucker

1 EL gehackte Petersilie

1. Radieschen putzen und waschen. Eier pellen. Beide Zutaten in Scheiben schneiden.

2. Für die Salatsauce Crème fraîche mit Zitronensaft verrühren, mit Salz, Pfeffer und Zucker würzen.

3. Petersilie unterrühren und mit den Salatzutaten vermengen.

Gemüsetopf mit Quarkhaube

1 Gemüsezwiebel (200 g)

3 Zucchini (400 g)

2 Paprikaschoten
(rot und grün, je 200 g)

2 große Tomaten

Meersalz

frisch gemahlener Pfeffer

Kräuter der Provence

6 EL Obstessig

5 EL kaltgepreßtes Olivenöl

1 Knoblauchzehe

200 g Magerquark

2 Eier

2 EL gehackte Petersilie

1. Zwiebel abziehen und in Scheiben schneiden.

2. Zucchini abwaschen, abtrocknen, die Enden abschneiden und in Scheiben schneiden.

3. Paprika halbieren, entstielen, entkernen und die weißen Scheidewände entfernen. Die Schoten abwaschen und in Stücke schneiden.

4. Tomaten waschen, abtrocknen, die Stengelansätze herausschneiden und in Scheiben schneiden.

5. Das Gemüse in einen breiten, flachen Kochtopf schichten und dabei jede Schicht mit Salz, Pfeffer und Kräutern der Provence bestreuen.

6. Essig und Öl darübergeben. Das Gemüse zugedeckt bei schwacher Hitze in etwa 40 Minuten gar dünsten lassen (nicht umrühren).

7. Knoblauch abziehen, zerdrücken und mit Quark und Eiern gut verrühren, mit Salz und Pfeffer würzen.

8. Etwa 5 Minuten vor Beendigung der Garzeit den angemachten Quark über das Gemüse geben und zugedeckt stocken lassen.

9. Petersilie über den garen Gemüsetopf geben.

Gemischter Rote-Bete-Salat (Foto)

350 g Rote Bete
250 g Knollensellerie
250 g Kartoffeln
1 TL geriebener Meerrettich
1 TL flüssiger Honig
3 EL Obstessig
Salz
frisch gemahlener Pfeffer
5 EL Sojaöl
4 EL saure Sahne
1 Kästchen Kresse
100 g Sonnenblumenkerne

1. Rote Bete, Sellerie und Kartoffeln waschen, getrennt mit der Schale etwa 20 Minuten kochen und anschließend schälen.

2. Rote Bete in Stifte schneiden. Sellerie und Kartoffeln würfeln.

3. In einer Salatschüssel Meerrettich mit Honig, Essig, Salz und Pfeffer verrühren.

4. Öl und saure Sahne unterschlagen. Die Sauce mit den Salatzutaten vermengen, alles etwa 1 Stunde durchziehen lassen.

5. Kresse abspülen, die Blättchen abschneiden und mit dem Salat in einer Schüssel anrichten.

6. Sonnenblumenkerne in einer Pfanne rösten und über den Rote-Bete-Salat geben.

Bohnen-Champignon-Salat

500 g grüne Bohnen

leicht gesalzenes Wasser

Für die Salatsauce:

2 Schalotten

6 EL Olivenöl

2 EL Essig

1/2 TL Senf

Pfeffer

1/4 TL Zucker

150 g Champignons

2 EL Schnittlauchröllchen

1. Brechbohnen evtl. abfädeln, waschen, in Stücke brechen, in Wasser etwa 15 Minuten kochen und abtropfen lassen.

2. Für die Salatsauce Schalotten abziehen, fein würfeln, mit Olivenöl, Essig, Senf, Pfeffer, Zucker verrühren.

3. Mit den noch warmen Bohnen vermengen und einige Stunden durchziehen lassen.

4. Champignons putzen, evtl. abspülen, in feine Scheiben schneiden, unter den Salat heben, mit Schnittlauchröllchen bestreuen.

Jägerkohl

1 kg Weißkohl

100 g durchwachsener Speck

1 abgezogene Zwiebel

1 EL Speiseöl

250 ml (1/4 l) Gemüsebrühe

Salz

frisch gemahlener Pfeffer

Essig

Zucker

1. Weißkohl putzen, vierteln, den Strunk herausschneiden, den Kohl waschen, in feine Streifen schneiden.

2. Speck und Zwiebel in Würfel schneiden.

3. Öl in einem Topf erhitzen, Speckwürfel darin anbraten, dann die Zwiebelwürfel hinzugeben und glasig dünsten.

4. Weißkohl dazugeben, kurz andünsten, dann die Gemüsebrühe hinzugeben, mit Salz und Pfeffer würzen, etwa 25 Minuten schmoren lassen.

5. Mit Essig, Zucker und Salz abschmecken.

Tip: Jägerkohl als Beilage zu Schweinebraten und Salzkartoffeln servieren.

Griechische Tomaten

4 Tomaten (à 100 g)

1–2 Knoblauchzehen

Salz

frisch gemahlener Pfeffer

3–4 Stengel Basilikum

100 g Schafskäse

1. Tomaten waschen, abtrocknen, quer halbieren und mit der Schnittfläche nach oben in eine flache, gefettete Glas- oder Porzellanschüssel setzen.

2. Knoblauch abziehen, durchpressen, auf die Schnittfläche der Tomaten streichen, mit Salz und Pfeffer betreuen.

3. Basilikum unter fließendem kaltem Wasser abspülen, trockentupfen, die Blättchen von den Stengeln zupfen, fein hacken und auf den Tomatenhälften verteilen. Schafskäse in 8 Stücke schneiden und auf die Tomaten legen.

Ober-/Unterhitze: 180–200 °C (vorgeheizt)
Heißluft: 160–180 °C (nicht vorgeheizt)
Gas: Stufe 3–4 (vorgeheizt)
Backzeit: 10–15 Minuten.

Tip: Sehr feste Tomaten benötigen eine Garzeit von 15–20 Minuten. Griechische Tomaten passen gut zu gegrilltem Fleisch, können aber auch als Vorspeise serviert werden.

Grüner Kartoffelsalat

1 kg neue Kartoffeln

125 ml (1/8 l) Essig

125 ml (1/8 l) Fleischbrühe

1 Prise Zucker

Salz

Pfeffer

1 Zwiebel

1 Bund Dill

1 Bund Petersilie

5 Salbeiblätter

1 Zweig Zitronenmelisse

1 kleine Salatgurke

150 g saure Sahne

1. Kartoffeln waschen, in Salzwasser zum Kochen bringen, in etwa 20 Minuten gar kochen lassen, abgießen, abdämpfen, heiß pellen, erkalten lassen und dann in Scheiben schneiden.

2. Essig mit Brühe, Zucker, Salz und Pfeffer zum Kochen bringen.

3. Zwiebel abziehen, fein würfeln und hinzufügen. Kurz aufkochen lassen, über die Kartoffelscheiben gießen und vorsichtig durchheben. Die Flüssigkeit muß von den Kartoffeln aufgesaugt werden. Ab und zu vorsichtig durchheben.

4. Kräuter abspülen, trockentupfen, die Blättchen von den Stengeln zupfen und fein hacken.

5. Gurke schälen, entkernen, in kleine Würfel schneiden und mit den Kräutern unter die Kartoffelscheiben mischen. Saure Sahne getrennt dazu reichen.

Sahnemöhren

1 kg junge Möhren	**1.** Möhren putzen, schälen und waschen. Zwiebel abziehen und fein würfeln. Butter zerlassen, Zwiebelwürfel und Möhren darin andünsten.
1 Zwiebel	
3 EL Butter	
250 ml (1/4 l) Hühnerbrühe	**2.** Brühe hinzugießen und das Gemüse in 8–10 Minuten gar dünsten lassen. Gemüse abtropfen lassen und die Flüssigkeit auffangen.
4 EL Crème fraîche	
1–2 EL Kapern	
Salz, Pfeffer	**3.** Crème fraîche unterrühren und etwas einkochen lassen. Kapern hinzufügen und die Sauce mit Salz, Pfeffer, Zucker und Zitronensaft abschmecken.
1 Prise Zucker	
Zitronensaft	
2 EL gemischte, gehackte Kräuter	**4.** Kräuter unterrühren und die Möhren in der Sauce erhitzen. Ei pellen, kleinhacken und über das Gemüse streuen.
1 hartgekochtes Ei	

Dicke Bohnen mit Speck (Foto)

750 g frische, ausgepulte dicke Bohnen (2,5–3 kg mit Hülsen)	**1.** Bohnen und Bohnenkraut waschen. Speck in Würfel schneiden und auslassen.
1 Stengel Bohnenkraut	**2.** Zwiebeln abziehen, halbieren, in Scheiben schneiden, in dem Speck goldgelb dünsten lassen, die Bohnen hinzufügen und mitdünsten lassen.
100 g durchwachsener Speck	
2–3 Zwiebeln	
gut 125 ml (1/8 l) Wasser	**3.** Bohnenkraut, Wasser und Salz dazugeben, in etwa 40 Minuten gar dünsten lassen, mit Schnittlauch bestreuen.
Salz	
1 EL feingeschnittener Schnittlauch	*Beilage:* Durchwachsener Speck, in Scheiben geschnitten und braun gebraten.

Gefüllte Eier

6 Eier

2 EL scharfer Senf

Salz

Pfeffer

Cayennepfeffer

Worcestersauce

1 Kästchen Kresse

1. Eier in etwa 8 Minuten hart kochen, eiskalt abschrecken, pellen, längs halbieren und das Eigelb vorsichtig herauslösen.

2. Senf mit Salz, Pfeffer, Cayennepfeffer und Worcestersauce abschmecken.

3. Jeweils etwas Senfcreme in die Höhlung der Eierhälften füllen und die Eigelb mit der Rundung nach oben daraufsetzen.

4. Die Eierhälften auf einer Platte oder einem runden Teller anrichten.

5. Die Kresse abspülen, trockentupfen, die Blättchen mit einer Schere abschneiden und die Eierhälften damit garnieren.

Brokkoli-Schinken-Auflauf mit Béchamel-Sauce (Foto)

2 Portionen

600 g Brokkoli

100 g Schinken

4 Tomaten

1 Pck. Béchamel-Sauce

50 g geriebener Käse

Salz

1. Den Brokkoli putzen, waschen, in Röschen teilen und kurz in kochendem Salzwasser blanchieren, in kaltem Wasser abschrecken. Den Schinken in Streifen schneiden. Die Tomaten überbrühen, häuten, vierteln und entkernen.

2. Den Brokkoli zusammen mit den Tomatenfilets und den Schinkenstreifen in eine Auflaufform geben. Béchamel-Sauce darübergeben und mit dem geriebenen Käse bestreuen.

3. Das Ganze gratinieren.

> Ober-/Unterhitze: etwa 180 °C (vorgeheizt)
> Heißluft: etwa 160 °C (vorgeheizt)
> Gas: etwa Stufe 3 (vorgeheizt)
> Backzeit: 15–20 Minuten.

**Fleisch/
Geflügel/Fisch**

Curryhähnchen mit Bananen

1 küchenfertiges Hähnchen
(1,2 kg)

Für die Füllung:

1 Apfel (150 g)

1 Banane

1 gestr. TL Currypulver

Zucker

Salz

Speiseöl

11/2 EL Honig

1/2 gestr. TL Currypulver

2 Bananen

1 EL Butter

1. Hähnchen unter fließendem kaltem Wasser abspülen und trockentupfen.

2. Für die Füllung Apfel schälen, vierteln, entkernen, in Stücke schneiden.

3. Banane schälen und in dünne Scheiben schneiden. Das Obst mit Curry, Zucker und Salz bestreuen.

4. Hähnchen innen und außen mit Salz bestreuen, mit dem Obst füllen, zunähen. Keulen und Flügel mit einem Faden am Rumpf festbinden.

5. Ein Stück extrastarke Alufolie dünn mit Speiseöl bestreichen, das Hähnchen locker, aber dicht darin einpacken, das Paket auf dem Rost in die Mitte des Backofens schieben und garen lassen.

Ober-/Unterhitze: etwa 220 °C (vorgeheizt)
Heißluft: etwa 200 °C (nicht vorgeheizt)
Gas: Stufe 5–6 (vorgeheizt)
Garzeit: etwa 45 Minuten.

6. Die Folie etwa 15 Minuten vor Beendigung der Garzeit öffnen, Honig mit Curry verrühren, das Hähnchen mehrere Male damit bestreichen, einmal wenden.

7. Das gare Hähnchen aus der Folie nehmen, die Fäden lösen, die Füllung herausnehmen.

8. Das Hähnchen in Portionsstücke schneiden, zusammen mit der Füllung auf einer vorgewärmten Platte anrichten.

9. Bananen schälen und längs halbieren.

10. Butter zerlassen, die Bananenhälften darin von beiden Seiten braten, den Bratensatz aus der Folie hinzufügen, die Bananen mehrere Male damit begießen und auf der Fleischplatte anrichten.

Beilage: Naturreis und Salat.

Scharfes Wurstgulasch in Bierpfannkuchen

Für das Gulasch:

300 g gemischte, dünne Würstchen (Wiener, Räuchermett, Blutwurst)

125 ml (1/8 l) Rotwein

6 milde rote Peperoni (aus dem Glas)

1 scharfe grüne Peperoni (aus dem Glas)

2 EL Silberzwiebeln (aus dem Glas)

1 TL Paprika edelsüß

1 fein geriebene Scheibe Pumpernickel (20 g)

Salz

Für die Pfannkuchen:

100 g Weizenmehl (Type 1050)

1 Ei

100 ml Milch

4–6 EL Bier

50 g Butter oder Margarine

4 EL Crème fraîche

1. Für das Gulasch Würstchen in 1 cm dicke Scheiben schneiden. Wurstscheiben im eigenen Fett braten lassen, bis sie braun sind.

2. Fett abgießen. Wein zu den Wurstscheiben gießen.

3. Peperoni aufschneiden, entstielen, entkernen und die weißen Scheidewände herausschneiden. Schoten waschen, Peperonifleisch in kleine Würfel schneiden.

4. Mit Silberzwiebeln, Paprika und Pumpernickel verrühren, zum Kochen bringen, kurz aufkochen lassen und eventuell mit Salz nachwürzen. Gulasch warm stellen.

5. Für die Pfannkuchen Mehl sieben, mit Ei und Milch verrühren und etwa 15 Minuten ruhen lassen. Mit Salz und Bier zu einem dickflüssigen Teig verrühren.

6. Etwas Butter oder Margarine in einer Pfanne zerlassen, 1/4 des Teiges hineingeben und von beiden Seiten goldgelb backen. Aus dem restlichen Teig drei weitere Pfannkuchen backen.

7. Pfannkuchen auf vier Teller verteilen, Gulasch in die Mitte der Pfannkuchen geben, nach Wunsch jeweils 4 Zipfel darüber mit einem Holzspießchen zusammenstecken und mit jeweils 1 Eßlöffel Crème fraîche servieren.

Brotauflauf (Foto)

3 Brötchen

4–6 EL Kräuterbutter

250 g kleine Champignons

etwa 80 g Salami

etwa 125 g Schinken

2 Zwiebeln

1–2 EL Speiseöl

Salz

Pfeffer

3–4 EL gehackte Kräuter
(Petersilie, Thymian,
Majoran)

3 Eier

1 Pck. (200 g) Frühlings-
Quark

1. Brötchen in Würfel schneiden, Kräuterbutter zerlassen, die Brötchenwürfel darin goldbraun braten.

2. Champignons putzen, mit Küchenpapier abreiben, evtl. abspülen, abtropfen lassen.

3. Salami und Schinken würfeln. Zwiebeln abziehen, fein würfeln.

4. Speiseöl erhitzen und die Zwiebelwürfel darin glasig dünsten lassen. Salami- und Schinkenwürfel und Champignons hinzufügen, mitdünsten lassen.

5. Mit Salz und Pfeffer würzen, mit den Brötchenwürfeln (einige zurücklassen) und Kräutern verrühren, in eine gefettete, feuerfeste Form geben.

6. Eier verschlagen, mit einem Schneebesen unter den Quark heben, über die Masse geben.

7. Die zurückgelassenen Brötchenwürfel darüberstreuen und die Form auf dem Rost in den Backofen schieben.

Ober-/Unterhitze: etwa 200 °C (vorgeheizt)
Heißluft: etwa 180 °C (nicht vorgeheizt)
Gas: Stufe 4–5 (vorgeheizt)
Backzeit: etwa 30 Minuten.

Frikadellen

1 altbackenes Brötchen
(Semmel)

2 mittelgroße Zwiebeln

600 g Gehacktes (halb Rind-,
halb Schweinefleisch)

1 Ei

Salz, Pfeffer

Paprika edelsüß

50 g Pflanzenfett

1. Brötchen in kaltem Wasser einweichen. Zwiebeln abziehen und fein würfeln.

2. Brötchen gut ausdrücken, mit den Zwiebeln und dem Gehackten vermengen. Mit Ei, Salz, Pfeffer und Paprika abschmecken.

3. Aus der Masse mit nassen Händen Frikadellen formen. Das Pflanzenfett erhitzen, die Frikadellen von beiden Seiten etwa 10 Minuten darin braten.

Bacon and Eggs

150 g Bacon
(Frühstücksspeck)

2 EL Speiseöl

4 Eier

Salz

frisch gemahlener Pfeffer

2 EL Schnittlauchröllchen

1. Den Frühstücksspeck portionsweise in eine heiße Pfanne geben und kurz von jeder Seite kroß braten. Dabei mehrmals wenden. Aus der Pfanne nehmen und warm halten.

2. Öl in der gleichen Pfanne zerlassen, die Eier hineingleiten lassen, mit Salz und Pfeffer bestreuen und bei mittlerer Hitze garen, auf den Bacon geben. Mit dem Schnittlauch bestreuen.

Dicke Rippe (Foto)

1,25 kg Schweinerippe

Salz

frisch gemahlener Pfeffer

1 Bund Suppengrün

1 Zwiebel

1. Schweinerippe waschen, abtrocknen, mit Salz und Pfeffer einreiben, in einen Bräter legen, in den Backofen stellen.

Ober-/Unterhitze: 200–220 °C (vorgeheizt)
Heißluft: 180–200 °C (nicht vorgeheizt)
Gas: Stufe 4–5 (vorgeheizt)
Garzeit: etwa 75 Minuten.

2. Suppengrün und Zwiebel putzen, waschen, kleinschneiden und 30 Minuten vor Beendigung der Garzeit zu dem Fleisch geben.

3. Das Fleisch von den Knochen lösen, in Scheiben schneiden, auf einer vorgewärmten Platte anrichten und warm stellen.

4. Den Bratensatz entfetten, mit Wasser auf 1/4 Liter auffüllen, zum Kochen bringen, pürieren, mit Salz und Pfeffer abschmecken.

Zwiebelfisch

4 Rotbarschfilets (à 150 g)

600 g Gemüsezwiebeln

100 g durchwachsener Speck

1 EL Speiseöl

Salz, Pfeffer

Paprika edelsüß

1 Becher (150 g) Crème fraîche

2 EL Zitronensaft

1. Rotbarschfilets kalt abspülen und trockentupfen.

2. Zwiebeln abziehen, vierteln und in Streifen schneiden. Speck in Würfel schneiden, Öl erhitzen und Speckwürfel darin ausbraten.

3. Zwiebelstreifen hinzufügen, gut darin andünsten, mit Salz, Pfeffer und Paprika würzen und im geschlossenen Topf etwa 5 Minuten dünsten lassen.

4. Crème fraîche unterrühren und mit Salz, Pfeffer und Paprika abschmecken.

5. Fischfilets mit Zitronensaft beträufeln, mit Salz, Pfeffer und Paprika bestreuen und auf das Zwiebelgemüse legen.

6. Im geschlossenen Topf etwa 10 Minuten garen. Die Fischfilets einmal wenden.

Cevapcici (Foto)

800 g Hackfleisch (halb Rind-, halb Schweinefleisch)

2 Eier

Salz,

Pfeffer

Paprika edelsüß

125 ml (1/8 l) Speiseöl

1 Gemüsezwiebel

1 rote Paprikaschote

1 grüne Paprikaschote

1. Hackfleisch mit Eiern vermengen und würzen. Aus der Masse fingergroße Rollen formen.

2. Das Öl erhitzen und die Röllchen darin etwa 5–7 Minuten braten oder grillen.

3. Zwiebel abziehen und in Würfel schneiden. Paprikaschoten entstielen, Kerne und weiße Scheidewände entfernen, die Paprikaschoten waschen und in Ringe schneiden.

4. Cevapcici mit Zwiebelwürfeln und Paprikaringen servieren.

Ofenheringe (Foto)

4–6 grüne Heringe

Salz, Pfeffer

4–6 EL Weißwein

1 Becher (150 g) Crème fraîche

3 EL Semmelbrösel

2 EL gehackte Petersilie

Paprika edelsüß

20 g Butter

Tip: Je nach Geschmack sollten Sie vor der Zubereitung Kopf und Schwanz der Heringe entfernen.

1. Heringe entgräten, unter fließendem kaltem Wasser abspülen, trockentupfen, innen und außen mit Salz und Pfeffer bestreuen.

2. Wein in eine gut gefettete, feuerfeste Form geben, die Heringe nebeneinander hineinlegen und Crème fraîche darüber verteilen.

3. Semmelbrösel mit Petersilie und Paprika verrühren, über die Heringe geben, Butter in Flöckchen darauf setzen und die Form auf dem Rost in den Backofen schieben.

Ober-/Unterhitze: etwa 200 °C (vorgeheizt)
Heißluft: etwa 180 °C (nicht vorgeheizt)
Gas: etwa Stufe 4 (vorgeheizt)
Backzeit: 20–25 Minuten.

Putenschnitzel

4 Putenschnitzel (à 125–150 g)

Salz, Pfeffer

Paprika edelsüß

50 g Weizenmehl

1 verschlagenes Ei

50 g Semmelbrösel

75 g Margarine

1. Putenschnitzel unter fließendem kaltem Wasser abspülen, trockentupfen und von beiden Seiten würzen. Schnitzel zuerst in Mehl, dann in Ei und zuletzt in Semmelbröseln wenden (gut festklopfen).

2. Margarine zerlassen, die Schnitzel von beiden Seiten darin in etwa 10 Minuten goldgelb braten und anrichten.

Reisfleisch (Foto)

500 g Schweinefleisch
(ohne Knochen)

100 g durchwachsener Speck

2 EL Speiseöl

2 Zwiebeln

Salz

frisch gemahlener Pfeffer

Cayennepfeffer

Paprika edelsüß

175 g Brühreis

500 ml (1/2 l) Gemüsebrühe

2 EL Tomatenmark

500 g enthäutete Tomaten

4 EL saure Sahne
oder Crème fraiche

gehackte Petersilie

1. Fleisch unter fließendem kaltem Wasser abspülen, trockentupfen und in 1 cm große Würfel schneiden. Speck in Würfel schneiden.

2. Öl erhitzen, Speckwürfel darin auslassen, Fleischwürfel hinzufügen und von allen Seiten gut anbraten. Zwiebeln abziehen, würfeln und hinzufügen. Mit Salz, Pfeffer, Cayennepfeffer und Paprika würzen.

3. Die Zutaten in den gewässerten Römertopf geben. Reis über das Fleisch geben, Brühe und Tomatenmark hinzufügen. Den Römertopf mit dem Deckel verschließen und auf dem Rost in den kalten Backofen schieben.

Ober-/Unterhitze: 200–220°C
Heißluft: 180–200°C
Gas: Stufe 4–5
Garzeit: 60–70 Minuten.

4. 15 Minuten vor Beendigung der Garzeit Tomaten vierteln, Stengelansätze herausschneiden und Tomaten in Würfel schneiden. Zusammen mit saurer Sahne oder Crème fraiche unter das Reisfleisch rühren und fertiggaren lassen.

5. Vor dem Servieren nochmals mit Salz, Pfeffer und Paprika abschmecken und mit Petersilie bestreuen.

Fischhackbraten

1 Brötchen (Semmel)
750 g Fischfilet
1 abgezogene, gehackte Zwiebel
2 Eier, etwas Salz
20 g Semmelbrösel
50 g Speckstreifen
20 g gebräunte Butter
250 ml (1/4 l) Wasser
150 g saure Sahne

1. Brötchen in Wasser einweichen, gut ausdrücken. Fischfilet waschen, trockentupfen und zusammen mit Brötchen und Zwiebel durch den Fleischwolf drehen.

2. Eier und Salz unterrühren. Fischteig zu einem länglichen Kloß formen, in Semmelbröseln wenden, mit Speckstreifen belegen, in eine Rostbratpfanne oder gefettete Auflaufform legen und mit Butter übergießen.

3. Hackbraten in die Mitte des Backofens schieben, etwas Wasser dazugeben. Den Braten 10 Minuten vor Beendigung der Bratzeit mit saurer Sahne übergießen. Den Bratensatz für die Sauce evtl. mit dem Wasser auffüllen und abschmecken.

> Ober-/Unterhitze: 200–220 °C (vorgeheizt)
> Heißluft: 180–200 °C (nicht vorgeheizt)
> Gas: Stufe 4–5 (vorgeheizt)
> Backzeit: etwa 30 Minuten.

Nudeln/Reis

Cannelloni mit kerniger Spinatfüllung

600 g frischer Blattspinat

200 g gekochter Bacon (Frühstücksspeck) in dünnen Scheiben

2 Schalotten

2 Eigelb

100 g Crème double

100 g Sonnenblumenkerne

Salz

Pfeffer aus der Mühle

2 Pck. fertige Béchamelsauce (à 250 ml)

16 Cannelloni-Röhren

50 g frisch geriebener Parmesan

20 g Butter oder Margarine für die Form und zum Belegen

1. Den Spinat verlesen, waschen und gut abtropfen lassen. Den Bacon in feine Streifen schneiden. Die Schalotten schälen und fein hacken.

2. Den Bacon in einem großen Topf auslassen. Die Schalotten hinzufügen und im Speckfett glasig dünsten. Dann den Spinat dazugeben und zusammenfallen lassen. Dabei darauf achten, daß möglichst viel Flüssigkeit verdampft.

3. Eigelb mit Crème double vermischen und unter den Spinat rühren. Die Sonnenblumenkerne hinzufügen und alles mit Salz und Pfeffer abschmecken. Dann etwas abkühlen lassen.

4. Die Béchamelsauce nach Vorschrift erwärmen. Die Spinatmasse in die Cannelloni-Röhren füllen. Eine feuerfeste Form ausfetten und die Hälfte der Béchamelsauce darin verteilen.

5. Die gefüllten Cannelloni-Röhren hineinsetzen. Die restliche Béchamelsauce gleichmäßig darübergießen. Zuletzt mit Parmesan bestreuen und Butterflöckchen daraufsetzen.

6. Die Form auf dem Rost in den Backofen stellen.

Ober-/Unterhitze: etwa 200 °C (vorgeheizt)
Heißluft: etwa 180 °C (nicht vorgeheizt)
Gas: Stufe 3–4 (vorgeheizt)
Backzeit: 30–40 Minuten.

7. Heiß servieren.

Dazu paßt: gemischter Blattsalat.

Nudelschmarren

4–6 Portionen

150 g Nudelhörnchen

150 g Rosinen

7 cl brauner Rum

600 g Boskoop-Äpfel

50 g Butter

50 g Zucker

12 Eier

120 g Zucker

Salz

2 Pck. Vanillezucker

300 g Mehl

600 ml Milch

180 g Butter zum Braten

150 g Mandelstifte zum Bestreuen

Puderzucker

1. Die Nudeln in nur leicht gesalzenem Wasser nach Packungsbeschreibung bißfest kochen. Abgießen, mit kaltem Wasser übergießen und gut abtropfen lassen. Während die Nudeln kochen, die Rosinen in einem Sieb kalt abbrausen, sehr gut abtropfen lassen und im Rum kurze Zeit einlegen.

2. Die Äpfel schälen, vierteln, vom Kerngehäuse befreien und nochmals vierteln. Butter erhitzen und die Äpfel einige Minuten dünsten. Zucker zugeben und unter Rühren schmelzen lassen.

3. Die Eier trennen. Eiweiß steif schlagen, dabei 1 Eßlöffel Zucker und 1 Prise Salz hineinrieseln lassen. Eigelb mit dem restlichen Zucker und dem Vanillezucker schaumig schlagen. Das Mehl und die Milch unterrühren und zum Schluß die Nudeln und die Rosinen daruntermischen. Danach den Eischnee vorsichtig darunterheben.

4. Gut die Hälfte der Butter in einer großen beschichteten Pfanne zerlassen. Den Teig hineingießen und bei milder Hitze auf der unteren Seite goldbraun werden lassen. Dann das Omelett mit zwei Gabeln in Stücke zerrupfen, die restliche Butter in kleinen Flöckchen in die Pfanne geben und die Mandelstifte hineinstreuen.

5. Den Nudelschmarren weiterbacken, bis die Stücke goldbraun sind. Gedünstete Äpfel mit Nudelschmarren auf Teller anrichten, mit Puderzucker bestäuben, sofort servieren.

Farfalle mit Brokkoli

250 g Farfalle

2 l kochendes Salzwasser

1 EL Speiseöl

250 ml (1/4 l) Wasser

10 g Butter, Salz

300 g Brokkoliröschen

125 ml (1/8 l) Brokkoli-
flüssigkeit

1 Becher (150 g) Crème
fraîche

1 Eigelb

frisch gemahlener Pfeffer

geriebene Muskatnuß

1. Farfalle in Salzwasser geben, Speiseöl hinzufügen, die Nudeln nach Packungsaufschrift
garen.

2. Die Nudeln auf ein Sieb geben, abtropfen
lassen und warm stellen.

3. Wasser mit Butter, Salz zum Kochen
bringen, Brokkoliröschen hineingeben, zum
Kochen bringen, in etwa 8 Minuten gar
kochen, abtropfen lassen (Brokkoliflüssigkeit
auffangen).

4. Brokkoliröschen vorsichtig mit den Nudeln
vermengen und warm stellen.

5. Brokkoliflüssigkeit abmessen, mit Crème
fraîche verrühren, erhitzen, Eigelb unterrühren (nicht mehr kochen lassen). Die Sauce
mit Pfeffer, Muskat kräftig würzen, über die
Brokkolinudeln geben.

Beilage: Magerer roher oder gekochter
Schinken.

Porree-Schinken-Nudeltopf (Foto)

250 g Bandnudeln

2 1/2 l kochendes Salzwasser

1 EL Speiseöl

500 g Porree (Lauch)

125 ml (1/8 l) kochende
Fleischbrühe

250 ml (1/4 l) Schlagsahne

Salz

frisch gemahlener Pfeffer

geriebene Muskatnuß

200 g gekochter Schinken

1. Bandnudeln in Salzwasser geben. Öl hinzufügen. Nudeln nach Packungsaufschrift garen,
auf ein Sieb geben, abschrecken und
abtropfen lassen.

2. Porree putzen, in Ringe schneiden,
waschen, in Fleischbrühe geben und in etwa
10 Minuten garen.

3. Nach etwa 5 Minuten der Garzeit Sahne zu
dem Porree geben, mit Salz, Pfeffer und
Muskat würzen.

4. Schinken in Streifen schneiden und mit
den Nudeln unter den Sahne-Porree mischen.

Allgäuer Spinatspätzle

150 g Blattspinat (TK)

250 g Weizenmehl

2 Eier,
1 TL Salz

200 g Emmentaler

2 Zwiebeln

250 g Champignons

20 g Butter

125 g Kräuter Crème fraîche

frisch gemahlener Pfeffer

1. Spinat auftauen, gut ausdrücken, pürieren, mit Mehl, Eiern und Salz einen Teig herstellen; so lange schlagen, bis er Blasen wirft.

2. Den Teig durch eine Spätzlepresse in einen großen Topf mit kochendem Salzwasser drücken, 2 Minuten aufkochen, bis sie an der Oberfläche schwimmen.

3. Spätzle abschrecken, in eine gefettete Auflaufform schichten.

4. Käse reiben.

5. Zwiebeln abziehen, würfeln, Champignons putzen, in Scheiben schneiden. Zwiebeln und Champignons in Butter andünsten. Crème fraîche zugeben, abschmecken.

6. Masse über die Spätzle gießen, mit Käse bestreuen, überbacken.

Ober-/Unterhitze: etwa 200 °C (vorgeheizt)
Heißluft: etwa 180 °C (nicht vorgeheizt)
Gas: etwa Stufe 3 (vorgeheizt)
Backzeit: etwa 20 Minuten.

Makkaroni mit Knoblauch und Olivenöl

4 Knoblauchzehen

6–7 El Olivenöl

Salz

rote Pfefferschoten
(aus dem Glas)

3–4 EL gehackte,
glatte Petersilie

400 g Makkaroni

3–4 l kochendes Salzwasser

1. Knoblauchzehen abziehen, fein würfeln oder in dünne Scheiben schneiden. Öl erhitzen, Knoblauchwürfel oder -scheiben darin goldgelb dünsten lassen, salzen.

2. Pfefferschoten halbieren, entstielen, entkernen und in kleine Stücke schneiden. Zusammen mit Petersilie hinzufügen, kurz durchdünsten lassen und warm stellen.

3. Makkaroni nach Packungsaufschrift garen, den Garvorgang mit einem Schuß kaltem Wasser beenden.

4. Die Nudeln auf ein Sieb geben, abtropfen lassen, mit der Knoblauchsauce vermengen und sofort servieren.

Mexikanischer Reis (Foto)

2 l Salzwasser

250 g Langkornreis (parboiled)

1 Zwiebel

2 EL Butter oder Margarine

1 Paprikaschote (etwa 250 g)

Salz, Pfeffer

135 g Gemüsemais (aus der Dose)

1. Salzwasser zum Kochen bringen, Reis hineingeben, umrühren, zum Kochen bringen und sprudelnd etwa 20 Minuten kochen lassen. Den garen Reis auf ein Sieb geben, mit Wasser übergießen und gut abtropfen lassen, warm stellen.

2. Zwiebel abziehen und fein würfeln, in dem zerlassenen Fett hellgelb dünsten.

3. Paprika putzen, waschen, würfeln, zu den Zwiebeln geben, mit Salz und Pfeffer würzen und abgedeckt noch etwa 10 Minuten garen.

4. Mais hinzufügen, verrühren, etwa 5 Minuten erhitzen, evtl. mit Salz und Pfeffer abschmecken und mit Reis vermengen.

Kapernklöße in pikanter Nudelsauce

1 altbackenes Brötchen
(Semmel)

1 Zwiebel

500 g Gehacktes (halb Rind-,
halb Schweinefleisch)

1 Ei

50 g Kapern (aus dem Glas)

Salz

Pfeffer

geriebene Muskatnuß

500 ml (1/2 l) Fleischbrühe

4 EL Speiseöl

1 Gemüsezwiebel

3 Fleischtomaten

2 EL Weizenmehl

250 g Nudeln

Petersiliensträußchen

1. Brötchen in kaltem Wasser einweichen. Zwiebel abziehen und fein würfeln. Gehacktes mit dem gut ausgedrückten Brötchen, Zwiebeln und Ei vermengen.

2. Kapern gut abtropfen lassen, zu dem Fleischteig geben und mit Salz, Pfeffer und Muskat abschmecken. Aus der Masse mit nassen Händen acht gleichgroße Klöße formen.

3. Brühe zum Kochen bringen und die Fleischklöße darin 10 Minuten ziehen lassen. Klöße herausnehmen und warm stellen. 250 ml (1/4 l) von der Brühe abmessen.

4. Öl erhitzen, Gemüsezwiebel abziehen, in Würfel schneiden, darin andünsten. Fleischtomaten enthäuten, die Stengelansätze entfernen, Tomaten in Würfel schneiden, hinzufügen und andünsten.

5. Mit Mehl bestäuben, mit der abgemessenen Brühe auffüllen und aufkochen lassen. Mit den Gewürzen abschmecken.

6. Nudeln nach Packungsaufschrift garen, auf ein Sieb geben und abtropfen lassen.

7. Nudeln mit den Klößen und der Sauce anrichten und mit den Petersiliensträußchen garnieren.

Kartoffeln

Ungarische Kartoffeln

500 g Kartoffeln	
200 g Zwiebeln	
1 EL Speiseöl	
250 ml (1/4 l) Gemüsebrühe	
Paprika edelsüß	
1/2 TL Majoran	
Salz	
4 EL saure Sahne	

1. Kartoffeln waschen, schälen und in Würfel schneiden. Zwiebeln abziehen und würfeln.

2. Öl in einer Pfanne erhitzen, Zwiebeln darin andünsten. Kartoffelwürfel hinzugeben, mit Brühe auffüllen. Gewürze hinzufügen und etwa 20 Minuten garen.

3. Saure Sahne zugeben, erhitzen und mit den Gewürzen abschmecken.

Winzer-Kartoffelpfanne

1 kg Kartoffeln	
4–5 mittelgroße Zwiebeln	
50 g Butter	
Salz	
frisch gemahlener Pfeffer	
125–250 ml (1/8–1/4 l) Weißwein	

1. Kartoffeln schälen, waschen und in Scheiben schneiden. Zwiebeln abziehen und würfeln.

2. Butter zerlassen, Kartoffelscheiben und Zwiebelwürfel hineingeben, mit Salz und Pfeffer würzen und hellbraun braten.

3. Etwas Wein hinzugießen und Kartoffeln in 20–30 Minuten gar dünsten lassen.

4. Verdampfte Flüssigkeit nach und nach durch Wein ersetzen. Die Kartoffeln sollen zuletzt fast ohne Flüssigkeit sein.

Beigabe: Bunter Salatteller.

Specknudeln

500 g Kartoffeln

200 g Weizenmehl

2 Eier

Salz

frisch gemahlener Pfeffer

geriebene Muskatnuß

200 g durchwachsener Speck

4 Zwiebeln

1 EL Butter

2 Bund feingehackte
Petersilie

80 g Butter

1. Kartoffeln waschen, in Wasser zum Kochen bringen, in etwa 20 Minuten gar kochen lassen, abgießen, abdämpfen, pellen und bis zum nächsten Tag kalt stellen.

2. Kartoffeln durch die Kartoffelpresse geben, mit Mehl und Eiern zu einem festen Teig verarbeiten. Mit Salz, Pfeffer und Muskat würzen. Den Teig etwa 15 Minuten stehenlassen.

3. Speck in kleine Würfel schneiden und auslassen. Zwiebeln abziehen, fein würfeln und mit Butter zu dem Speck geben. Zwiebeln goldbraun dünsten. Petersilie unterrühren.

4. Teig auf einer bemehlten Arbeitsfläche zu einem Rechteck (50 cm x 30 cm) ausrollen und gleichmäßig mit der Speck-Zwiebel-Masse bestreichen. Von der Längsseite her aufrollen, die Naht mit Wasser bestreichen, festdrücken. Die Rolle in fingerdicke Scheiben schneiden und portionsweise in kochendes Salzwasser geben. Zum Kochen bringen und in etwa 15 Minuten gar ziehen lassen.

5. Nudeln mit einem Schaumlöffel herausnehmen und auf Haushaltspapier abtropfen lassen.

6. Butter in einer Pfanne zerlassen und Specknudeln von beiden Seiten darin goldgelb backen.

> **Tip:** Specknudeln zu Schweinebraten reichen.

Schnippelkuchen

Zutaten	
30 g Weizenmehl	
100 ml Milch	
6 Eier	
750 g Kartoffeln	
1 Zwiebel	
Salz	
frisch gemahlener Pfeffer	
300 g Bacon (Frühstücksspeck)	
4 EL Schnittlauchröllchen	

1. Mehl mit Milch verrühren und etwas quellen lassen. Eier unterschlagen.

2. Kartoffeln schälen, waschen, grob raspeln und sofort mit dem Eierteig vermengen.

3. Zwiebel abziehen, fein würfeln, unter den Kartoffel-Eier-Teig rühren, mit Salz und Pfeffer würzen.

4. Einige Scheiben Frühstücksspeck in einer Pfanne ausbraten, etwas von dem Teig hineingeben, flachdrücken, von jeder Seite etwa 5 Minuten braten, warm stellen. Den restlichen Teig und Speck auf die gleiche Weise zubereiten. Mit Schnittlauch bestreut servieren.

Pellkartoffeln mit Kräuterquark (Foto)

1 kg Kartoffeln

Salz

Für den Kräuterquark:

500 g Speisequark

125 ml (1/8 l) Schlagsahne

1 Bund Schnittlauch

1 Bund Petersilie

Salz

frisch gemahlener Pfeffer

1. Kartoffeln waschen, in so viel Salzwasser zum Kochen bringen, daß die Kartoffeln bedeckt sind, 20–25 Minuten gar kochen lassen und abgießen. Die Kartoffeln im offenen Topf unter häufigem Schütteln abdämpfen lassen.

2. Für den Kräuterquark Quark mit Sahne verrühren. Schnittlauch und Petersilie waschen, trockentupfen und fein hacken, unter den Quark rühren, mit Salz und Pfeffer abschmecken.

3. Kräuterquark schaumig rühren. Kartoffeln etwas aufdrücken und jeweils 1 Eßlöffel Kräuterquark hineingeben.

Kartoffel-Kümmel-Waffeln

2 große, mehligkochende Kartoffeln

4 Eier

50 g gesiebtes Weizenmehl (Type 1050)

50 g geriebener Parmesan

1 TL gemahlener Kümmel

Mineralwasser

1 Speckschwarte

1. Kartoffeln in der Schale weich kochen, pellen und durch eine Kartoffelpresse drücken.

2. Kartoffelbrei mit Eiern, Mehl, Parmesan und Kümmel vermengen und mit einem Handrührgerät mit Rührbesen zu einem dickflüssigen Teig verarbeiten. Wenn der Teig zu fest ist, etwas Mineralwasser hinzufügen.

3. Waffeleisen vorheizen, mit der Speckschwarte einreiben, den Teig in Portionen hineingeben und goldbraune Waffeln daraus backen. Nach jedem Backen das Waffeleisen wieder einfetten. Die Kartoffel-Kümmel-Waffeln sofort warm servieren.

Kartoffelbuchteln

300 g Kartoffeln

300 g Weizenmehl

Salz

3 EL Milch

1 TL Zucker

30 g frische Hefe

125 g Magerquark

2 Eier

frisch gemahlener Pfeffer

etwas Butter für die Auflaufform

1 Eigelb

1. Kartoffeln in der Schale weich kochen, pellen und durch eine Kartoffelpresse drücken.

2. Mehl in eine Schüssel sieben. In die Mitte eine Vertiefung drücken. Hefe hineinbröckeln, mit Zucker und lauwarmer Milch verrühren, 10 Minuten stehen lassen.

3. Kartoffeln, Quark, Eier, Salz und Pfeffer mit Handrührgerät mit Knethaken in 5 Minuten zu einem Teig verarbeiten. Den Teig gehen lassen, bis er sich sichtbar vergrößert hat.

4. Den Teig auf einer bemehlten Arbeitsfläche zu 12 gleich großen Buchteln formen und dicht aneinander in die ausgebutterte Auflaufform setzen.

5. Die Buchteln mit dem Eigelb bepinseln und nochmals etwas gehen lassen. Im Backofen goldgelb backen.

Ober-/Unterhitze: etwa 180 °C (vorgeheizt)
Heißluft: etwa 160 °C (nicht vorgeheizt)
Gas: etwa Stufe 3 (vorgeheizt)
Backzeit: etwa 30 Minuten.

6. Sofort servieren.

Kräuterkartoffeln (Foto)

750–1000 g kleine, festkochende Kartoffeln

2–3 EL Butter

Salz

frisch gemahlener Pfeffer

1 EL gehackte Thymianblättchen

1 EL gehackte Lavendelblättchen

1 EL gehackte Basilikumblättchen

1. Kartoffeln waschen, in so viel Wasser zum Kochen bringen, daß die Kartoffeln bedeckt sind, in 20–25 Minuten gar kochen, abgießen, abdämpfen lassen, heiß pellen und die Kartoffeln erkalten lassen.

2. Butter zerlassen, Kartoffeln darin von allen Seiten in etwa 10 Minuten braun braten, mit Salz und Pfeffer würzen, Thymian-, Lavendel- und Basilikumblättchen unterrühren und 2–3 Minuten mitbraten lassen.

3. Die Kräuterkartoffeln sofort servieren.

> **Tip:** Kräuterkartoffeln passen gut zu kurzgebratenem Fleisch, wie Koteletts, Schnitzel, Steaks oder Medaillons.

Grüner Kartoffel-Sellerie-Topf

800 g Kartoffeln

500 g Knollensellerie

300 g Porree (Lauch)

50 g frische grüne Kräuter

150 g gekochter Schinken

geriebene Muskatnuß

Salz, Pfeffer

250 ml (1/4 l) Gemüsebrühe

1. Kartoffeln schälen, in Scheiben schneiden. Sellerie schälen, halbieren und ebenfalls in Scheiben schneiden.

2. Porree putzen, längs halbieren, unter fließendem kaltem Wasser abspülen, in Streifen schneiden.

3. Kräuter abspülen, trockentupfen, die Blättchen von den Stengeln zupfen und hacken. Schinken in Würfel schneiden.

4. Zutaten abwechselnd in eine gefettete Auflaufform schichten, jede Schicht mit Muskat, Salz und Pfeffer bestreuen.

5. Brühe über das Gemüse gießen. Auf dem Rost in den Backofen schieben.

Ober-/Unterhitze: etwa 200 °C (vorgeheizt)
Heißluft: etwa 180 °C (nicht vorgeheizt)
Gas: etwa Stufe 3 (vorgeheizt)
Backzeit: etwa 45 Minuten.

Folienkartoffeln (Foto)

8 mehligkochende
Kartoffeln (1 kg)

Meersalz

frisch gemahlener Pfeffer

Kümmel

125 g Kräuter-Crème fraîche

1. Kartoffeln waschen, an der Oberseite etwa 1/2 cm tief einkerben.

2. Die Gewürze in den Einschnitt streuen, einzeln in Alufolie verpacken. Im Backofen backen.

Ober-/Unterhitze: 200–220 °C (vorgeheizt)
Heißluft: 180–200 °C (nicht vorgeheizt)
Gas: Stufe 4–5 (vorgeheizt)
Backzeit: 30–50 Minuten, je nach Größe der Kartoffeln.

3. Vor dem Servieren die Alufolie öffnen, 1 Teelöffel Crème fraîche darauf geben.

Bunter Kartoffelauflauf (Foto)

1 kg Kartoffeln

4 hartgekochte Eier

2 Rauchenden
(Mettwürstchen)

Butter, Salz

300 g saure Sahne

3 gestr. EL Semmelbrösel

40 g Butter

1. Kartoffeln waschen, in Wasser zum Kochen bringen, in 20–30 Minuten gar kochen lassen, sofort pellen und erkalten lassen.

2. Eier pellen. Kartoffeln, Eier und Rauchenden in Scheiben schneiden.

3. Abwechselnd lagenweise in eine gefettete Auflaufform füllen, dabei Kartoffel- und Eierscheiben jeweils mit Salz bestreuen. Die oberste Schicht soll aus Kartoffeln bestehen.

4. Saure Sahne darübergießen.

5. Den Auflauf mit Semmelbröseln bestreuen, Butter in Flöckchen darauf setzen. Die Auflaufform auf dem Rost in den Backofen schieben.

> Ober-/Unterhitze: 220–250 °C (vorgeheizt)
> Heißluft: 200–220 °C (nicht vorgeheizt)
> Gas: Stufe 5–6 (vorgeheizt)
> Backzeit: 30–40 Minuten.

Bauernfrühstück

750 g festkochende
Kartoffeln

75 g durchwachsener Speck

30 g Pflanzenfett

4 Zwiebeln

3 Eier

3 EL Milch

Salz, Pfeffer

Paprika edelsüß

geriebene Muskatnuß

125 g Schinkenspeck

2 EL feingeschnittener
Schnittlauch

1. Kartoffeln waschen, in Salzwasser zum Kochen bringen, gar kochen lassen, abgießen, pellen und erkalten lassen. Die Kartoffeln in Scheiben schneiden.

2. Den Speck fein würfeln, in einer Pfanne auslassen, Margarine dazugeben.
Die Zwiebeln abziehen, fein würfeln, darin glasig braten.

3. Die Kartoffelscheiben hinzugeben und von allen Seiten darin anbraten.

4. Die Eier mit Milch, Salz, Pfeffer, Paprika, Muskatnuß verquirlen. Schinkenspeckwürfel und Schnittlauch hinzugeben und über die gebräunten Kartoffeln geben, bei geringer Hitze stocken lassen.

Griechische Kartoffeln

800 g kleine Kartoffeln

3 EL Olivenöl

Salz

Pfeffer

je 1 EL feingehackte Oreganoblättchen und Basilikumblättchen

1. Kartoffeln waschen, in wenig Salzwasser zum Kochen bringen. In etwa 20 Minuten gar kochen lassen, abgießen, abdämpfen und heiß pellen.

2. Öl erhitzen, Kartoffeln darin etwa 10 Minuten braun braten lassen, mit Salz und Pfeffer würzen.

3. Oregano und Basilikum unterrühren und etwa 5 Minuten mitbraten lassen.

Himmel und Erde (Foto)

750 g mehligkochende Kartoffeln

Salz

500 g mürbe Äpfel

1 EL Zucker

30 g Butter

frisch gemahlener Pfeffer

100 g durchwachsener Speck

2 Zwiebeln

1. Kartoffeln waschen, schälen, in Stücke schneiden, in Salzwasser zum Kochen bringen, in etwa 15 Minuten gar kochen lassen.

2. Inzwischen die Äpfel schälen, entkernen, in Stücke schneiden und mit dem Zucker im geschlossenen Topf bei mittlerer Hitze weich dünsten.

3. Kartoffeln abgießen, das Wasser auffangen. Kartoffeln durch die Kartoffelpresse geben oder pürieren und mit den Äpfeln und der Butter vermengen. Sollte das Mus zu fest sein, noch etwas Kartoffelwasser unterrühren.

4. Mus mit Salz und Pfeffer würzen, den Speck würfeln. Zwiebeln abziehen und in Ringe schneiden. Speck auslassen, Zwiebeln darin dünsten und beides über das Kartoffelmus geben.

> **Tip:** Zu gebratener Leber, Blutwurst oder Brühwurst reichen.

Süßspeisen

Apfelreis

1 l Wasser

1 Prise Salz

50 g Zucker

2 Tropfen Backöl Zitrone

500 g Äpfel

200 g Milchreis
(Rundkornreis)

Zucker und Zimtpulver

1. Wasser mit Salz, Zucker und Backöl zum Kochen bringen.

2. Äpfel schälen, vierteln, entkernen, in Stücke schneiden und mit dem Reis ins Wasser geben, zum Kochen bringen, 25 Minuten ausquellen lassen, mit Zucker abschmecken.

3. Mit Zucker und Zimt bestreuen.

Arme Ritter (Foto)

300 ml Milch

3 Eigelb

3 EL Mandellikör

2 EL Zucker

6 dicke Scheiben altbackenes Kastenweißbrot

3 Eiweiß

100 g abgezogene, geriebene Mandeln

80 g Butter

1. Milch mit Eigelb, Mandellikör und Zucker verrühren. Das Kastenweißbrot in eine Schale legen, mit der Eiermilch übergießen, einweichen lassen, bis die Milch aufgesogen ist.

2. Das Eiweiß mit einer Gabel leicht anschlagen, die Brotscheiben in Eiweiß, dann in den Mandeln wenden.

3. Die Butter zerlassen, die Brotscheiben darin von beiden Seiten knusprig braun braten und heiß servieren.

> **Tip:** Dazu Zimtzucker, Zwetschenkompott oder Apfelmus servieren.

Obstsuppe von getrocknetem Obst

100 g Backobst (Äpfel, Aprikosen oder Pflaumen)

11/4 l Wasser

3 Tropfen Zitronen-Aroma

Zimtpulver

20 g Speisestärke

2 EL kaltes Wasser

Vanillin-Zucker

Zucker

1. Backobst waschen und in Wasser 12 Stunden einweichen, mit dem Einweichwasser, Aroma und Zimt zum Kochen bringen und in 30 Minuten gar kochen lassen.

2. Suppe durch ein Sieb streichen und zum Kochen bringen.

3. Speisestärke mit Wasser anrühren, die Suppe damit binden und mit Vanillin-Zucker und Zucker abschmecken.

Omas Hirseauflauf (Foto)

150 g Hirse

750 ml (3/4 l) Milch

Mark von 1/2 Vanilleschote

1 Prise Salz

100 g Butter

75 g Honig

3 Eigelb

abgeriebene Schale von 1 Zitrone (unbehandelt)

50 g abgezogene, gemahlene Mandeln

3 Eiweiß

1 geh. EL abgezogene, gehobelte Mandeln

30 g Butter

1. Hirse waschen und abtropfen lassen. Milch mit Vanillemark und Salz zum Kochen bringen, Hirse unter Rühren einstreuen, zum Kochen bringen, in 15–20 Minuten ausquellen lassen (während des Quellens ab und zu umrühren) und die Hirse abkühlen lassen.

2. Butter schaumig rühren, nach und nach Honig, Eigelb und Zitronenschale hinzufügen, Hirse portionsweise unterrühren und Mandeln hinzufügen.

3. Eiweiß steif schlagen und unterheben. Masse in eine eingefettete Auflaufform füllen, mit Mandeln bestreuen. Butter in Flöckchen darauf setzen und die Form auf dem Rost in den Backofen schieben.

Ober-/Unterhitze: 180–200 °C (vorgeheizt)
Heißluft: 160–180 °C (nicht vorgeheizt)
Gas: Stufe 3–4 (vorgeheizt)
Backzeit: 30–40 Minuten.

Beigabe: Sauerkirschkompott.

Verzeichnis der Rezepte nach Kapiteln

Verzeichnis der Rezepte
in alphabetischer Ordnung